べたーっと開いて なぞりやすい
般若心経《はんにゃしんぎょう》

仏教とお経研究会 編

彩図社

はじめに

私たちの日々の暮らしは、時折さまざまな苦しみに覆われます。気疲れのする人間関係、インターネットの海に氾濫《はんらん》する数多の情報、限度を超えた長時間労働、さらには病や愛する人との別れなど、人間の力ではどうしようもないことにも見舞われます。

そうした悩み・苦しみも、仏さまの考えを借りることで少し軽くすることができるかもしれません。

仏教の開祖であるブッダは、次のように説きました。

「すべての物事は移り変わり、永遠に変わらないものはない（諸行無常《しょぎょうむじょう》）」

「この世のあらゆるものには、実体や本質（＝我）がない（諸法《しょほう》無《む》我《が》）」

私たちの苦しみというのは、「私とはこういう存在」「これは私のもの」「○○というのは△△

であるもの」と思い込んで、そこに執着することで生じています。

先ほどの二つの教えを柱として、ブッダは、あらゆる悩みや苦しみから解放された安らかな境地＝涅槃《ねはん》に至ることを目標とし、そのための方法を弟子たちに伝えました。

本書で紹介する「般若心経」も、ブッダの教えが語り継がれ研究された結果として生み出された経典です。仏教はブッダの死後、さまざまな学派に分かれましたが、「般若心経」はブッダの教えである「諸法無我」に連なる「空《くう》」の教えを説いています。

何物にもとらわれず、執着することなく、心を穏やかにすること。それこそが苦しみから解放されるための考え方です。

「般若心経」の一文一文をゆっくりなぞりながら、疲れがちな心を整えましょう。

べたーっと開いてなぞりやすい　般若心経◇もくじ

はじめに …… 2

本書の使い方 …… 6

「般若心経」とは何か？ …… 8

知っておきたい仏教知識 …… 9

筆記具について …… 10

◇般若心経

「般若心経」全文と現代語訳 …… 12

摩訶般若波羅蜜多心経 …… 16

観自在菩薩　行深般若波羅蜜多時 …… 18

照見五蘊皆空　度一切苦厄 …… 20

舎利子　色不異空　空不異色 …… 22

色即是空　空即是色 …… 24

受想行識　亦復如是 …… 26

舎利子　是諸法空相 …… 28

不生不滅　不垢不浄　不増不減 …… 30

是故空中　無色無受想行識 …… 32

無眼耳鼻舌身意　無色声香味触法 …… 34

無眼界乃至無意識界 …… 36
無無明亦無無明尽 …… 38
乃至無老死 亦無老死尽 …… 40
無苦集滅道 無智亦無得 …… 42
以無所得故 …… 44
菩提薩埵 依般若波羅蜜多故 …… 46
心無罣礙 無罣礙故 無有恐怖 …… 48
遠離一切顛倒夢想 究竟涅槃 …… 50
三世諸仏 依般若波羅蜜多故 …… 52
得阿耨多羅三藐三菩提 …… 54
故知般若波羅蜜多 …… 56
是大神呪 是大明呪 …… 58
是無上呪 是無等等呪 …… 60

能除一切苦 真実不虚 …… 62
故説般若波羅蜜多呪 即説呪曰 …… 64
羯諦 羯諦 波羅羯諦 …… 66
波羅僧羯諦 菩提薩婆訶 般若心経 …… 68
「般若心経」全文なぞり練習 …… 70
「般若心経」全文練習 …… 74

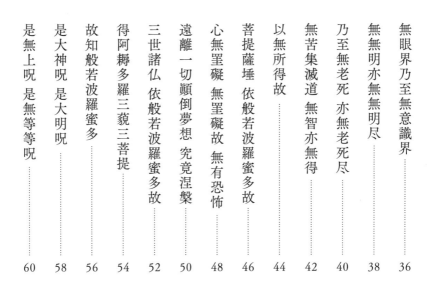

― 本書の使い方 ―

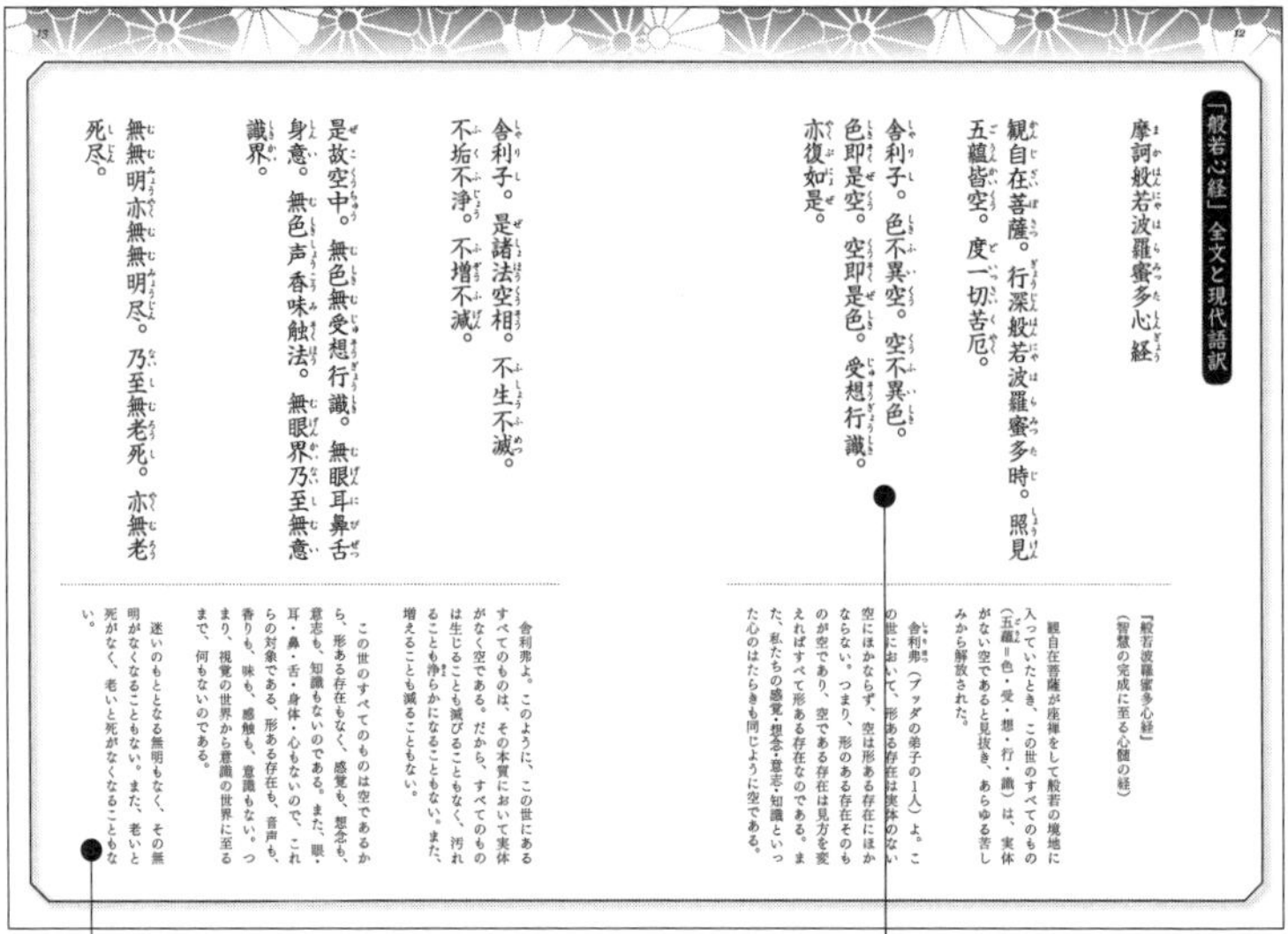

「般若心経」全文と現代語訳

摩訶般若波羅蜜多心経《まかはんにゃはらみったしんぎょう》

観自在菩薩《かんじざいぼさつ》。行深般若波羅蜜多時《ぎょうじんはんにゃはらみったじ》。照見《しょうけん》
五蘊皆空《ごうんかいくう》。度一切苦厄《どいっさいくやく》。

舎利子《しゃりし》。色不異空《しきふいくう》。空不異色《くうふいしき》。
色即是空《しきそくぜくう》。空即是色《くうそくぜしき》。受想行識《じゅそうぎょうしき》。
亦復如是《やくぶにょぜ》。

『般若波羅蜜多心経』
（智慧の完成に至る心髄の経）

観自在菩薩が座禅をして般若の境地に入っていたとき、この世のすべてのもの（五蘊《ごうん》＝色・受・想・行・識）は、実体がない空であると見抜き、あらゆる苦しみから解放された。

舎利弗《しゃりほつ》（ブッダの弟子の1人）よ。この世において、形ある存在は実体のない空にほかならず、空は形ある存在にほかならない。つまり、形のある存在そのものが空であり、空である存在は見方を変えればすべて形ある存在なのである。また、私たちの感覚・想念・意志・知識といった心のはたらきも同じように空である。

舎利子《しゃりし》。是諸法空相《ぜしょほうくうそう》。不生不滅《ふしょうふめつ》。
不垢不浄《ふくふじょう》。不増不減《ふぞうふげん》。

是故空中《ぜこくうちゅう》。無色無受想行識《むしきむじゅそうぎょうしき》。無眼耳鼻舌《むげんにびぜつ》
身意《しんい》。無色声香味触法《むしきしょうこうみそくほう》。無眼界乃至無意《むげんかいないしむい》
識界《しきかい》。

無無明亦無無明尽《むむみょうやくむむみょうじん》。乃至無老死《ないしむろうし》。亦無老《やくむろう》
死尽《しじん》。

舎利弗よ。このように、この世にあるすべてのものは、その本質において実体がなく空である。だから、すべてのものは生じることも滅びることもなく、汚れることも浄《きよ》らかになることもない。また、増えることも減ることもない。

この世のすべてのものは空であるから、形ある存在もなく、感覚も、想念も、意志も、知識もないのである。また、眼・耳・鼻・舌・身体・心もないので、これらの対象である、形ある存在も、音声も、香りも、味も、感触も、意識もない。つまり、視覚の世界から意識の世界に至るまで、何もないのである。

迷いのもととなる無明もなく、その無明がなくなることもない。また、老いと死がなく、老いと死がなくなることもない。

一、全文と現代語訳を確認

般若心経にはどんな内容が書かれているのか、どういった意味を持つのかを最初に確認します。

【全文】
意味が区切れるところで改行をしています。読経をする際にもご活用ください。

【現代語訳】
日頃よく目にする般若心経はサンスクリット語で書かれた原文を漢訳したものです。全文を通して、その心髄を理解します。

— 本書の使い方 —

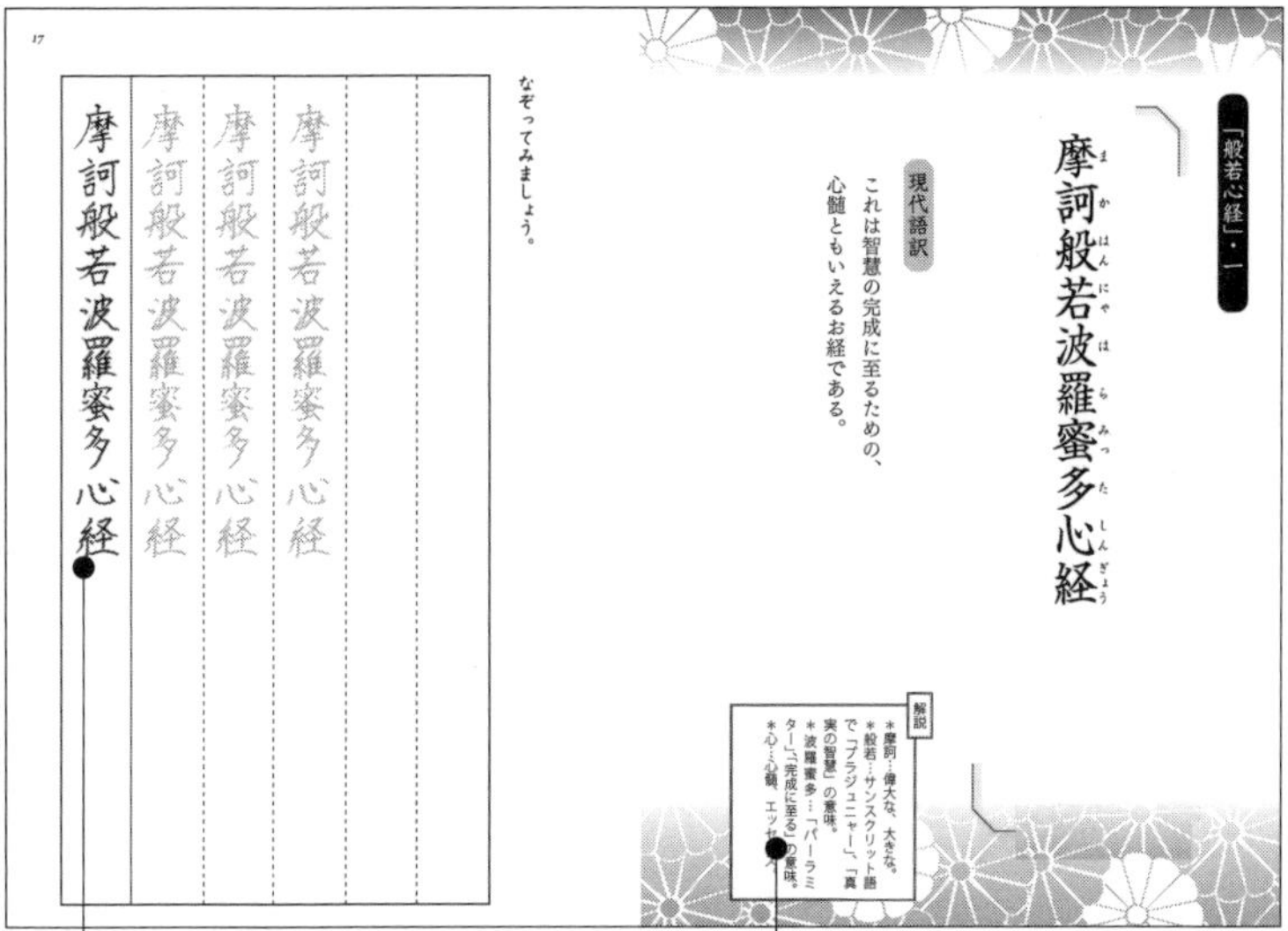
17

「般若心経」・一

摩《ま》訶《か》般《はん》若《にゃ》波《は》羅《ら》蜜《みっ》多《た》心《しん》経《ぎょう》

現代語訳

これは智慧の完成に至るための、心髄ともいえるお経である。

解説

＊摩訶…偉大な、大きな。
＊般若…サンスクリット語で「プラジュニャー」、「真実の智慧」の意味。
＊波羅蜜多…「パーラミター」、「完成に至る」の意味。
＊心…心髄、エッセ

なぞってみましょう。

摩訶般若波羅蜜多心経
摩訶般若波羅蜜多心経
摩訶般若波羅蜜多心経
摩訶般若波羅蜜多心経

二、一節ごとに内容を確認し、なぞる

一節ごとにお経を詳しく見ていき、何度かなぞって練習します。最後に巻末にある全文をなぞったのち、自ら全文を書いてみましょう。

【解説】
各節にある仏教用語の意味の解説や現代語訳の補足をしています。

【お経をなぞる】
そのページで扱った節の意味を味わいながら三回なぞります。その後は心を整えて、自分で二回書いてみましょう。

「般若心経」とは何か？

概要

大乗仏教の重要な経典である『大《だい》般若経《はんにゃきょう》』全６００巻の内容を、わずか２７６文字のエッセンスに凝縮したお経です。

大乗仏教の教えの中でも重要な「空《くう》」の思想について、簡潔にまとめられています。

元はサンスクリット語（梵語）で書かれていた『大般若経』を漢訳してまとめたのは、７世紀の中国の僧・玄奘《げんじょう》です。当時の中国でも絶大な人気を集め、現在まで様々な宗派で読み継がれてきました。

内容

玄奘が訳した際の正式な題名は「般若《はんにゃ》波《は》羅《ら》蜜《みっ》多《た》心《しん》経《ぎょう》」といいます。

これは、サンスクリット語で「完全なる智慧《ちえ》の完成のためのお経」という意味です。

「完全なる智慧」とは、「この世のすべてのものには実体がない」という「空」の教えにほかなりません。「空」について理解するためのお経が「般若心経」です。すべてのものには実体がないという悟りの境地に至ること、それをわずか３００字足らずで記しています。

効果

「すべてのものには実体がない」という「空」の教えを読み解くと、私たちが日頃抱いている苦しみや怒りといったものにも実体はないと考えることができます。

また、「般若心経」の最後には唱えるだけで悟りにたどり着くことができ、あらゆる苦しみから解放される呪文「真言（マントラ）」が記されています。なぞり、声に出して読むことで、そのご利益を授かりましょう。

知っておきたい　仏教知識

空《くう》

仏教の重要な教えに「縁起《えんぎ》」があります。この世にあるものはすべて何らかの理由（因縁）があって生じているのであり、それ単独で存在しているものはありません。

これは、自分という存在も他者との関係の中で初めて成り立つものだという「諸法無我《しょほうむが》」の教えにもつながります。これをより徹底し「ない」ことに焦点をあて、「すべての形あるものは実体がない」という「空」の思想となりました。

大乗《だいじょう》仏教《ぶっきょう》

ブッダの悟りに端を発する仏教は、大きく二つの派閥に分かれます。一つは、自らがブッダと同様に出家し悟りをめざす「上座部《じょうざぶ》仏教」、もう一つは出家をしない大多数の人も救うことができる「大乗仏教」です。

大乗仏教の教えの特徴は「空」の思想のほかに、すべての人間は仏になる性質を持つという「如来《にょらい》蔵思想《ぞうしそう》」があり、出家をせずに悟りをめざすための「六波羅蜜《ろくはらみつ》」といった修行法があります。

真言《しんごん》

「真言（マントラ）」とは、この世の真理を秘めた呪術的な言葉、いうなれば呪文です。唱えることで、迷いが晴れたり苦しみから解き放たれるとされます。

真言の内容は訳すことはできません。訳すと本来の意味が正しく伝わらないと考えられているからです。「羯諦羯諦《ぎゃーてーぎゃーてー》……」の一文が真言にあたり、「般若心経」以外の、主に大乗仏教のお経にもそれぞれ真言が存在します。

◇筆記具について

本書のなぞり文字は鉛筆で書かれていますが、お手元にあるお好きな筆記具をお使いください。美しい仕上がりにしたい方は、太さが0・5か0・7のボールペン、またはB以上の濃いめの鉛筆やシャープペンシルをおすすめします。

最も良いのは、ご自身にとって書き心地が良いものを選んでいただくことです。心穏やかになぞれる筆記具をご用意ください。

般若心経

「ぎゃーてーぎゃーてーはーらーぎゃーてー」……お経のことや意味は知らないけれど、このフレーズだけは知っているという人もいるかもしれません。

実はこれこそ、「般若心経」の心髄ともいえる呪文です。

お経の意味をふまえながら、一文ずつなぞっていきましょう。

「般若心経」全文と現代語訳

摩《ま》訶《か》般《はん》若《にゃ》波《は》羅《ら》蜜《みっ》多《た》心《しん》経《ぎょう》

観《かん》自《じ》在《ざい》菩《ぼ》薩《さつ》。行《ぎょう》深《じん》般《はん》若《にゃ》波《は》羅《ら》蜜《みっ》多《た》時《じ》。照《しょう》見《けん》五《ご》蘊《うん》皆《かい》空《くう》。度《ど》一《いっ》切《さい》苦《く》厄《やく》。

舎《しゃ》利《り》子《し》。色《しき》不《ふ》異《い》空《くう》。空《くう》不《ふ》異《い》色《しき》。色《しき》即《そく》是《ぜ》空《くう》。空《くう》即《そく》是《ぜ》色《しき》。受《じゅ》想《そう》行《ぎょう》識《しき》。亦《やく》復《ぶ》如《にょ》是《ぜ》。

『般若波羅蜜多心経』
（智慧の完成に至る心髄の経）

観自在菩薩が座禅をして般若の境地に入っていたとき、この世のすべてのもの（五蘊《ごうん》＝色・受・想・行・識）は、実体がない空であると見抜き、あらゆる苦しみから解放された。

舎利弗《しゃりほつ》（ブッダの弟子の1人）よ。この世において、形ある存在は実体のない空にほかならず、空は形ある存在にほかならない。つまり、形のある存在そのものが空であり、空である存在は見方を変えればすべて形ある存在なのである。また、私たちの感覚・想念・意志・知識といった心のはたらきも同じように空である。

舎《しゃ》利《り》子《し》。是《ぜ》諸《しょ》法《ほう》空《くう》相《そう》。不《ふ》生《しょう》不《ふ》滅《めつ》。
不《ふ》垢《く》不《ふ》浄《じょう》。不《ふ》増《ぞう》不《ふ》減《げん》。

是《ぜ》故《こ》空《くう》中《ちゅう》。無《む》色《しき》無《む》受《じゅ》想《そう》行《ぎょう》識《しき》。無《む》眼《げん》耳《に》鼻《び》舌《ぜっ》
身《しん》意《い》。無《む》色《しき》声《しょう》香《こう》味《み》触《そく》法《ほう》。無《む》眼《げん》界《かい》乃《ない》至《し》無《む》意《い》
識《しき》界《かい》。

無《む》無《む》明《みょう》亦《やく》無《む》無《む》明《みょう》尽《じん》。乃《ない》至《し》無《む》老《ろう》死《し》。亦《やく》無《む》老《ろう》
死《し》尽《じん》。

舎利弗よ。このように、この世にあるすべてのものは、その本質において実体がなく空である。だから、すべてのものは生じることも滅びることもなく、汚れることも浄《きよ》らかになることもない。また、増えることも減ることもない。

この世のすべてのものは空であるから、形ある存在もなく、感覚も、想念も、意志も、知識もないのである。また、眼・耳・鼻・舌・身体・心もないので、これらの対象である、形ある存在も、音声も、香りも、味も、感触も、意識もない。つまり、視覚の世界から意識の世界に至るまで、何もないのである。

迷いのもととなる無明もなく、その無明がなくなることもない。また、老いと死がなく、老いと死がなくなることもない。

無《む》苦《く》集《しゅう》滅《めつ》道《どう》。無《む》智《ち》亦《やく》無《む》得《とく》。以《い》無《む》所《しょ》得《とく》故《こ》。
菩《ぼ》提《だい》薩《さっ》埵《た》。依《え》般《はん》若《にゃ》波《は》羅《ら》蜜《みっ》多《た》故《こ》。
心《しん》無《む》罣《けい》礙《げ》。無《む》罣《けい》礙《げ》故《こ》。無《む》有《う》恐《く》怖《ふ》。遠《おん》離《り》一《いっ》
切《さい》顚《てん》倒《どう》夢《む》想《そう》。究《く》竟《きょう》涅《ね》槃《はん》。
三《さん》世《ぜ》諸《しょ》仏《ぶつ》。依《え》般《はん》若《にゃ》波《は》羅《ら》蜜《みっ》多《た》故《こ》。
得《とく》阿《あ》耨《のく》多《た》羅《ら》三《さん》藐《みゃく》三《さん》菩《ぼ》提《だい》。
故《こ》知《ち》般《はん》若《にゃ》波《は》羅《ら》蜜《みっ》多《た》。是《ぜ》大《だい》神《じん》呪《しゅ》。是《ぜ》大《だい》明《みょう》
呪《しゅ》。是《ぜ》無《む》上《じょう》呪《しゅ》。是《ぜ》無《む》等《とう》等《どう》呪《しゅ》。能《のう》除《じょ》一《いっ》切《さい》

苦しみも、苦しみの原因も、苦しみを乗り越えることも、その方法もない。知ることもなく、得ることもない。なにかを得るということがないからである。

菩薩は、完全なる智慧によるがゆえに、心を覆うものがない。心を覆うものがないから、恐れるものがない。すべて一切の誤った妄想から遠いところにあり、永遠の平和の境地に入っているのである。

過去・現在・未来のすべての仏たちも、完全なる智慧によって、無上の完全なる悟りの境地を得ている。

それだから、人々はよく知っておくべきである。完全なる智慧とは、偉大なる呪文であり、光輝ある呪文であり、無上の呪文であり、比類なき呪文であり、あらゆる苦しみを取り除くことができる。

苦《く》。真《しん》実《じつ》不《ふ》虚《こ》。

故《こ》説《せつ》般《はん》若《にゃ》波《は》羅《ら》蜜《みっ》多《た》呪《しゅ》。即《そく》説《せつ》呪《しゅ》曰《わっ》。

羯《ぎゃ》諦《てい》羯《ぎゃ》諦《てい》。波《は》羅《ら》羯《ぎゃ》諦《てい》。

波《は》羅《ら》僧《そう》羯《ぎゃ》諦《てい》。菩《ぼ》提《じ》薩《そ》婆《わ》訶《か》。

般《はん》若《にゃ》心《しん》経《ぎょう》

これは偽りならざる真実である。

それでは、完全なる智慧にいたる呪文を教えよう。その呪文は次の通りである。

「ぎゃてい　ぎゃてい　はらぎゃてい　はらそうぎゃてい　ぼじそわか」

ここに智慧の完成に至る心髄の経を終える。

摩《ま》訶《か》般《はん》若《にゃ》波《は》羅《ら》蜜《みっ》多《た》心《しん》経《ぎょう》

現代語訳

これは智慧の完成に至るための、心髄ともいえるお経である。

解説

＊摩訶…偉大な、大きな。
＊般若…サンスクリット語で「プラジュニャー」、「真実の智慧」の意味。
＊波羅蜜多…「パーラミター」、「完成に至る」の意味。
＊心…心髄、エッセンス。

なぞってみましょう。

摩訶般若波羅蜜多心経

摩訶般若波羅蜜多心経

摩訶般若波羅蜜多心経

摩訶般若波羅蜜多心経

観《かん》自《じ》在《ざい》菩《ぼ》薩《さつ》　行《ぎょう》深《じん》般《はん》若《にゃ》波《は》羅《ら》蜜《みつ》多《た》時《じ》

現代語訳

観自在菩薩が
座禅をして般若の境地に入っていたとき、

解説

＊観自在菩薩…観世音菩薩、観音菩薩と同じ。いわゆる「観音さま」のこと。
＊菩薩…「ボーディサットヴァ」、「悟りを求める者」の意味。

なぞってみましょう。

観自在菩薩行深般若波羅蜜多時

観自在菩薩行深般若波羅蜜多時

観自在菩薩行深般若波羅蜜多時

観自在菩薩行深般若波羅蜜多時

「般若心経」・三

照《しょう》見《けん》五《ご》蘊《うん》皆《かい》空《くう》　度《ど》一《いっ》切《さい》苦《く》厄《やく》

現代語訳

この世のすべてのもの（五蘊《ごうん》＝色・受・想・行・識）は、
実体がない空であると見抜き、
あらゆる苦しみから解放された。

解説

＊五蘊…すべての存在を構成する五つの集まり。
＊色…形のあるもの。
＊受…感覚、感受する作用。
＊想…心に想う作用。
＊行…意志により形成されるもの。
・識…意識、識別する作用。

なぞってみましょう。

照見五蘊皆空度一切苦厄

照見五蘊皆空度一切苦厄

照見五蘊皆空度一切苦厄

照見五蘊皆空度一切苦厄

「般若心経」・四

舎利子《しゃりし》 色不異空《しきふいくう》 空不異色《くうふいしき》

現代語訳

舎利弗《しゃりほつ》（ブッダの弟子の1人）よ。
この世において、形ある存在は
実体のない空にほかならず、
空は形ある存在にほかならない。

解説

＊舎利弗…ブッダの十大弟子の中でも一番弟子。「智慧第一」とも称され、ブッダに代わり説法ができるほどだった。以降の文は、ブッダが舎利弗に説いた内容。

なぞってみましょう。

舎利子色不異空空不異色

舎利子色不異空空不異色

舎利子色不異空空不異色

舎利子色不異空空不異色

「般若心経」・五

色《しき》即《そく》是《ぜ》空《くう》　空《くう》即《そく》是《ぜ》色《しき》

現代語訳

つまり、形のある存在そのものが空であり、空である存在は見方を変えればすべて形ある存在なのである。

解説

＊形ある存在は、互いに依存し合いながら成り立っているものであり、そこに実体はない。実体がないと言っても、何もない虚無というのではなく、現実世界に展開しているものである。

なぞってみましょう。

色即是空空即是色

色即是空空即是色

色即是空空即是色

色即是空空即是色

「般若心経」・六

受《じゅ》想《そう》行《ぎょう》識《しき》　亦《やく》復《ぶ》如《にょ》是《ぜ》

現代語訳

また、
私たちの感覚・想念・意志・知識といった
心のはたらきも同じように空である。

解説

＊受想行識…Ｐ20を参照。

なぞってみましょう。

受想行識亦復如是

受想行識亦復如是

受想行識亦復如是

受想行識亦復如是

舎《しゃ》利《り》子《し》 是《ぜ》諸《しょ》法《ほう》空《くう》相《そう》

現代語訳

舎利弗よ。
このように、この世にあるすべてのものは、
その本質において実体がなく空である。

解説

＊法…ここでの「諸法」は前掲の「五蘊＝色受想行識」を指す。仏教における「法」はサンスクリット語で「ダルマ」といい、「法則」「真理」などさまざまな意味を持つ。「三宝《さんぼう》（＝仏・法・僧）」の一つでもある。

なぞってみましょう。

舎利子是諸法空相

舎利子是諸法空相

舎利子是諸法空相

舎利子是諸法空相

不《ふ》生《しょう》不《ふ》滅《めつ》 不《ふ》垢《く》不《ふ》浄《じょう》 不《ふ》増《ぞう》不《ふ》減《げん》

現代語訳

だから、
すべてのものは生じることも滅びることもなく、
汚れることも浄《きょ》らかになることもない。
また、増えることも減ることもない。

解説

＊私たちの目にはものが現れたり消えたりしているように見えても、見方を変えればただ一つの真実があるのみである。

なぞってみましょう。

不生不滅不垢不浄不増不減

不生不滅不垢不浄不増不減

不生不滅不垢不浄不増不減

不生不滅不垢不浄不増不減

「般若心経」・九

是《ぜ》故《こ》空《くう》中《ちゅう》　無《む》色《しき》無《む》受《じゅ》想《そう》行《ぎょう》識《しき》

現代語訳

この世のすべてのものは空であるから、
形ある存在もなく、
感覚も、想念も、意志も、知識もないのである。

解説

＊色……Ｐ20を参照。
＊受想行識…Ｐ20を参照。

なぞってみましょう。

是故空中無色無受想行識

是故空中無色無受想行識

是故空中無色無受想行識

是故空中無色無受想行識

無《む》眼《げん》耳《に》鼻《び》舌《ぜつ》身《しん》意《い》　無《む》色《しき》声《しょう》香《こう》味《み》触《そく》法《ほう》

現代語訳

また、眼・耳・鼻・舌・身体・心もないので、
これらの対象である、形ある存在も、
音声も、香りも、味も、感触も、意識もない。

解説

＊眼・耳・鼻・舌・身体が感覚器官、心が思考する器官となる。
＊それぞれの器官に対応するものが後半に連なる。「法」は「思考器官で思考されるもの」のこと。

なぞってみましょう。

無眼耳鼻舌身意無色声香味触法

無眼耳鼻舌身意無色声香味触法
無眼耳鼻舌身意無色声香味触法
無眼耳鼻舌身意無色声香味触法

「般若心経」・十一

無《む》眼《げん》界《かい》乃《ない》至《し》無《む》意《い》識《しき》界《かい》

現代語訳

つまり、視覚の世界から意識の世界に至るまで、何もないのである。

解説

＊眼界…眼で認識できる領域＝視界。

＊乃至…上下の限界を提示し、その間を省略する言葉。仏教用語ではない。

なぞってみましょう。

無眼界乃至無意識界

無眼界乃至無意識界

無眼界乃至無意識界

無眼界乃至無意識界

「般若心経」・十二

無《む》無《む》明《みょう》亦《やく》無《む》無《む》明《みょう》尽《じん》

現代語訳

迷いのもととなる無明もなく、
その無明がなくなることもない。

解説

＊無明…迷いの原因となる無知のこと。すべての苦しみの原因である12の因縁（「十二縁起《じゅうにえんぎ》」）の一つ。十二縁起は無明・行・識・名色《みょうしき》・六処《ろくしょ》・触・受・愛・取・有・生・老死と続く。

なぞってみましょう。

無無明亦無無明尽

無無明亦無無明尽

無無明亦無無明尽

無無明亦無無明尽

乃《ない》至《し》無《む》老《ろう》死《し》　亦《やく》無《む》老《ろう》死《し》尽《じん》

現代語訳

また、老いと死がなく、
老いと死がなくなることもない。

解説

＊老死…「十二縁起」の一つ。「乃至（→P36）」を用いて、十二縁起のうち「無明」から「老死」までの間にある10項目が省略されている。

なぞってみましょう。

乃至無老死亦無老死尽

乃至無老死亦無老死尽

乃至無老死亦無老死尽

乃至無老死亦無老死尽

無《む》苦《く》集《しゅう》滅《めつ》道《どう》 無《む》智《ち》亦《やく》無《む》得《とく》

現代語訳

苦しみも、苦しみの原因も、苦しみを乗り越えることも、その方法もない。知ることもなく、得ることもない。

解説

＊苦集滅道…ブッダの教えの「四諦《したい》」。人生は苦しみであり、苦しみは煩悩によって集められ、煩悩を制して悟りをめざし、そのための修行を行うことを表す。煩悩を制するための修行を「八正道《はっしょうどう》」という。

なぞってみましょう。

無苦集滅道無智亦無得

無苦集滅道無智亦無得

無苦集滅道無智亦無得

無苦集滅道無智亦無得

「般若心経」・十五

以《い》無《む》所《しょ》得《とく》故《こ》

現代語訳

なにかを得るということがないからである。

解説

＊ブッダの教えである「四諦八正道」「諸法無我」なども、すべては「空」である。それゆえに何も得ることはない。

なぞってみましょう。

以無所得故

以無所得故

以無所得故

以無所得故

「般若心経」・十六

菩《ぼ》提《だい》薩《さっ》埵《た》 依《え》般《はん》若《にゃ》波《は》羅《ら》蜜《みっ》多《た》故《こ》

現代語訳

菩薩は、完全なる智慧によるがゆえに、

解説

＊菩提薩埵…「菩薩」のこと。菩提は「悟り」、薩埵は「人」を意味する。

なぞってみましょう。

菩提薩埵依般若波羅蜜多故

菩提薩埵依般若波羅蜜多故

菩提薩埵依般若波羅蜜多故

菩提薩埵依般若波羅蜜多故

「般若心経」・十七

心《しん》無《む》罣《けい》礙《げ》　無《む》罣《けい》礙《げ》故《こ》　無《む》有《う》恐《く》怖《ふ》

現代語訳

心を覆うものがなく、
心を覆うものがないから、
恐れるものがない。

解説

＊罣礙…「罣」は引っかかり、「礙」は妨げるの意味。「心を覆うものがない」とは、迷いや生死といったものに心をとらわれない状態のこと。

なぞってみましょう。

心無罣礙無罣礙故無有恐怖

心無罣礙無罣礙故無有恐怖

心無罣礙無罣礙故無有恐怖

心無罣礙無罣礙故無有恐怖

「般若心経」・十八

遠《おん》離《り》一《いっ》切《さい》顛《てん》倒《どう》夢《む》想《そう》　究《く》竟《きょう》涅《ね》槃《はん》

現代語訳

すべて一切の誤った妄想から遠いところにあり、
永遠の平和の境地に入っているのである。

解説

＊顛倒夢想…サンスクリット語で「ヴィパリヤーサ」、「ひっくり返っていること」の意味。ここでは「正しくものを見ることができない心の迷い」のこと。
＊涅槃…「ニルヴァーナ」、「迷いを脱した境地」のこと。

なぞってみましょう。

遠離一切顚倒夢想究竟涅槃

遠離一切顚倒夢想究竟涅槃

遠離一切顚倒夢想究竟涅槃

遠離一切顚倒夢想究竟涅槃

三《さん》世《ぜ》諸《しょ》仏《ぶつ》 依《え》般《はん》若《にゃ》波《は》羅《ら》蜜《みつ》多《た》故《こ》

現代語訳

過去・現在・未来のすべての仏たちも、
完全なる智慧によって、

解説

＊三世諸仏…過去・現在・未来にいる数多の仏のこと。仏は常に存在するという考えによる。

なぞってみましょう。

三世諸仏依般若波羅蜜多故

三世諸仏依般若波羅蜜多故

三世諸仏依般若波羅蜜多故

三世諸仏依般若波羅蜜多故

「般若心経」・二十

得《とく》阿《あ》耨《のく》多《た》羅《ら》三《さん》藐《みゃく》三《さん》菩《ぼ》提《だい》

現代語訳

無上の完全なる悟りの境地を得ている。

解説

＊阿耨多羅三藐三菩提…「アヌッタラー・サムヤックサンボーディ」の音に漢字をあてたもの。「アヌッタラー」は「無上の」、「サムヤックサンボーディ」は「正しい悟り」の意味。

なぞってみましょう。

得阿耨多羅三藐三菩提

得阿耨多羅三藐三菩提
得阿耨多羅三藐三菩提
得阿耨多羅三藐三菩提

「般若心経」・二十一

故《こ》知《ち》般《はん》若《にゃ》波《は》羅《ら》蜜《みっ》多《た》

現代語訳

それだから、人々はよく知っておくべきである。
完全なる智慧とは、

なぞってみましょう。

故知般若波羅蜜多

故知般若波羅蜜多

故知般若波羅蜜多

故知般若波羅蜜多

是《ぜ》大《だい》神《じん》呪《しゅ》　是《ぜ》大《だい》明《みょう》呪《しゅ》

現代語訳

偉大なる呪文であり、
光輝ある呪文であり、

解説

＊呪…真言（マントラ）のこと。特に密教では、訳すことなくそのままの音を唱える。

なぞってみましょう。

是大神呪是大明呪

是大神呪是大明呪

是大神呪是大明呪

是大神呪是大明呪

「般若心経」・二十三

是《ぜ》無《む》上《じょう》呪《しゅ》　是《ぜ》無《む》等《とう》等《どう》呪《しゅ》

現代語訳

無上の呪文であり、
比類なき呪文であり、

解説

＊無等等…無比。

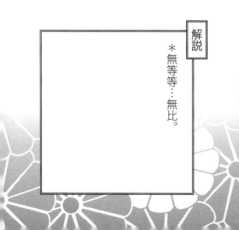

なぞってみましょう。

是無上呪是無等等呪

是無上呪是無等等呪

是無上呪是無等等呪

是無上呪是無等等呪

能《のう》除《じょ》一《いっ》切《さい》苦《く》　真《しん》実《じつ》不《ふ》虚《こ》

現代語訳

あらゆる苦しみを取り除くことができる。
これは偽りならざる真実である。

なぞってみましょう。

能除一切苦真実不虚

能除一切苦真実不虚

能除一切苦真実不虚

能除一切苦真実不虚

「般若心経」・二十五

故《こ》説《せつ》般《はん》若《にゃ》波《は》羅《ら》蜜《みつ》多《た》呪《しゅ》　即《そく》説《せつ》呪《しゅ》曰《わつ》

現代語訳

それでは、完全なる智慧にいたる呪文を教えよう。
その呪文は次の通りである。

解説

＊この部分は、「今からその呪文を伝える」という前振りのようなもの。

なぞってみましょう。

故説般若波羅蜜多呪即説呪曰

故説般若波羅蜜多呪即説呪曰

故説般若波羅蜜多呪即説呪曰

故説般若波羅蜜多呪即説呪曰

「般若心経」・二十六

羯《ぎゃ》諦《てい》　羯《ぎゃ》諦《てい》　波《は》羅《ら》羯《ぎゃ》諦《てい》

現代語訳

「ぎゃてい　ぎゃてい　はらぎゃてい

解説

＊「般若心経」の最も重要なフレーズの前半部分。サンスクリット語では「ガテー　ガテー　パーラガテー」となり、意味をつけるとすれば「往ける者よ、往ける者よ、彼岸に往ける者よ」となる。

なぞってみましょう。

羯諦羯諦波羅羯諦

羯諦羯諦波羅羯諦

羯諦羯諦波羅羯諦

羯諦羯諦波羅羯諦

「波《は》羅《ら》僧《そう》羯《ぎゃ》諦《てい》　菩《ぼ》提《じ》薩《そ》婆《わ》訶《か》　般《はん》若《にゃ》心《しん》経《ぎょう》」

現代語訳

はらそうぎゃてい　ぼじそわか」
ここに智慧の完成に至る心髄の経を終える。

解説

＊「菩提薩婆訶」までが真言の後半部分。「パーラサンガテー　ボーディー　スヴァーハー」となり、「彼岸に往き着きし者よ、悟りよ、幸あれ」の意味。

なぞってみましょう。

波羅僧羯諦菩提薩婆訶　般若心経

波羅僧羯諦菩提薩婆訶　般若心経

波羅僧羯諦菩提薩婆訶　般若心経

波羅僧羯諦菩提薩婆訶　般若心経

摩訶般若波羅蜜多心経
観自在菩薩行深般若波羅蜜多時照見五
蘊皆空度一切苦厄舎利子色不異空空不
異色色即是空空即是色受想行識亦復如
是舎利子是諸法空相不生不滅不垢不浄
不増不減是故空中無色無受想行識無眼

耳鼻舌身意無色声香味触法無眼界乃至
無意識界無無明亦無無明尽乃至無老死
亦無老死尽無苦集滅道無智亦無得以無
所得故菩提薩埵依般若波羅蜜多故心無
罣礙無罣礙故無有恐怖遠離一切顚倒夢
想究竟涅槃三世諸仏依般若波羅蜜多故
得阿耨多羅三藐三菩提故知般若波羅蜜

多是大神呪是大明呪是無上呪是無等等
呪能除一切苦真実不虚故説般若波羅蜜
多呪即説呪曰
羯諦羯諦波羅羯諦波羅僧羯諦菩提薩婆訶

般若心経

年　月　日

為

謹書

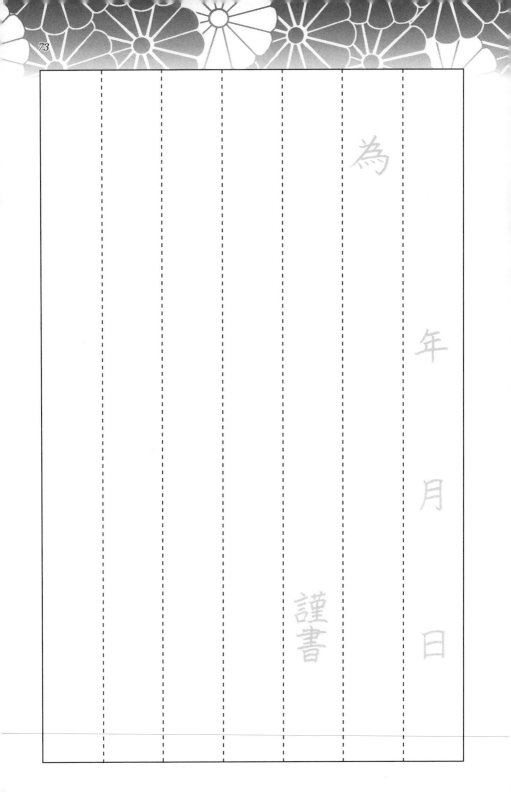

【主要参考文献】

『般若心経・金剛般若経』（中村元・紀野一義訳注／岩波書店）

『〈仏典を読む〉３　大乗の教え（上）――般若心経・法華経ほか』（中村元著、前田專學監修／岩波書店）

『般若心経』（金岡秀友校注／講談社）

『大乗とは何か』（三枝充悳著／筑摩書房）

『すべての宗派のお経が読める　必携お経読本』（九仏庵方丈著・監修／彩図社）

『図解　いちばんやさしい仏教とお経の本』（沢辺有司著／彩図社）

『書き込み式　般若心経写経帳』（鈴木曉昇著、名取芳彦監修／コスミック出版）

『えんぴつで書く　30日間般若心経練習帳』（大角修著・監修、岸本磯一著／椎出版社）

【手書き文字】

北村多加（きたむら・たか）

書道教室かなで組主宰。

2016年に「子供書道教室　ふたばの奏」、2017年にじっくりと文字と向き合う「大人の美文字講座」を開講。また、同年に教室名を「かなで組」に改名。

明るく体育会系な気質を活かし、書道の楽しさ・可能性を広める活動として、書道パフォーマンスやロゴ作成も手掛ける。

教室ホームページ　https://kanadegumi.com/

べたーっと開いてなぞりやすい **般若心経**

2020 年 2 月 20 日　第一刷

編　者　仏教とお経研究会
発行人　山田有司
発行所　株式会社　彩図社《さいずしゃ》
〒 170-0005
東京都豊島区南大塚 3-24-4　ＭＴビル
TEL 03-5985-8213　FAX 03-5985-8224
印刷所　シナノ印刷株式会社
ＵＲＬ　https://www.saiz.co.jp
https://twitter.com/saiz_sha

　ISBN978-4-8013-0430-7　C0015

彩図社好評既刊

なぞるだけで お清めできる祝詞(のりと)

- 新版 -

私たちは日々の生活の中で、知らず知らずのうちに「穢れ」を溜め込んでいます。穢れとは、悩みや妬み、傲慢、疲れ、ストレスなどであり、それが原因でマイナスの状態になってしまった心のことをいいます。

本書では、自らの穢れを祓い心を清めるための祝詞である「大祓詞」「祓詞」と、日々の神棚参拝で用いる「神棚拝詞」を収録しています。

一文字一文字、心をこめてなぞることで、日々の生活の中で溜まっていく穢れを浄化し、本来あるべき清らかな心に戻しましょう。


ISBN978-4-8013-0383-6　C0039　本体 1200 円 + 税